AF191114

Viola Krauss

Nahaufnahmen

mit Fotos von
Markus Katzmaier

© 2004 by Viola Krauss und Markus Katzmaier
Herstellung und Verlag: Books on Demand GmbH, Norderstett
Umschlaggestaltung, Layout und Fotos: Markus Katzmaier
Erstkonzeption: Thorsten Demuth

Printed in Germany

ISBN 3-8334-0665-8

Für jene, die ich liebe

Irgendwann unsanft
aus dem Nest gefallen
hab ich
mit zitternden Flügeln
fliegen gelernt

Liebe und Freundschaft
sind mein Aufwind

Inhalt

KINDERKARUSSELL

Winterpause
erstarrter Erwachsenenwelt
dein Lachen
ruft sie manchmal
die versprengten Pferdchen
meines versteckten
Kinderkarussells

Schlangengefiederte Leidenschaft
tanzt unter
sternenzerrissenem Himmel

träumende Stürme
singen sich
kristallenen Tagen
entgegen

wenn der Magier
gerufen
vom trommelnden Herzschlag
fühlt
wie scheue Wildnis
durch mondgetränkte Flüsse zieht

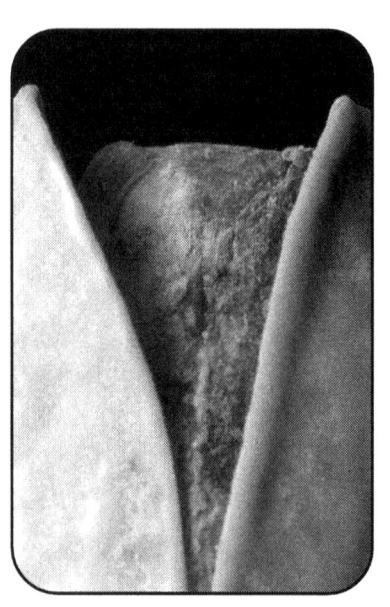

WORTE

Verschenke
den Himmel
über meiner Wüste
und
die Saat
meiner unverstandenen Worte

warte jetzt auf
einen Regengott
mit klärenden Gewittern

Mit dir ist selbst
die flüchtigste Geste
großartig genug
wird jedes Hallo
zum Sonnenaufgang
und jedes Lachen zum Zuhause

Einsam
aber nicht allein
Augen
die selten sehen
Ohren
die nicht zuhören
Worte ohne Aussage
Einsam
aber nicht allein

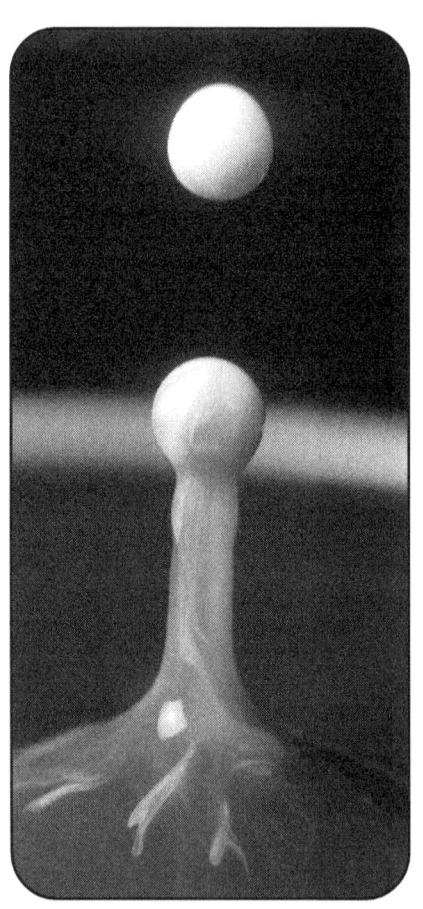

AMSTERDAM

Saxophonklänge fließen durch
klare Nachmittagsluft
fangen sich
in der Witte de Witt Straat

Jahrhundertalte Gemütlichkeit
tropft aus
stolzen Häusern

Zwischen Grachten und Gruften
irrt das
pulsierende Leben
der Welt
findet Heimat
in liebevoller
Akzeptanz

CASPAR

Siegessicher hast du dich
mit sternsprühenden Augen
und Nachtschatten im Fell
in mein Herz geschlichen
lautlos wie auf der Pirsch

Im schnurrenden Schlaf
schenkst du uns
einen gemeinsamen Traum

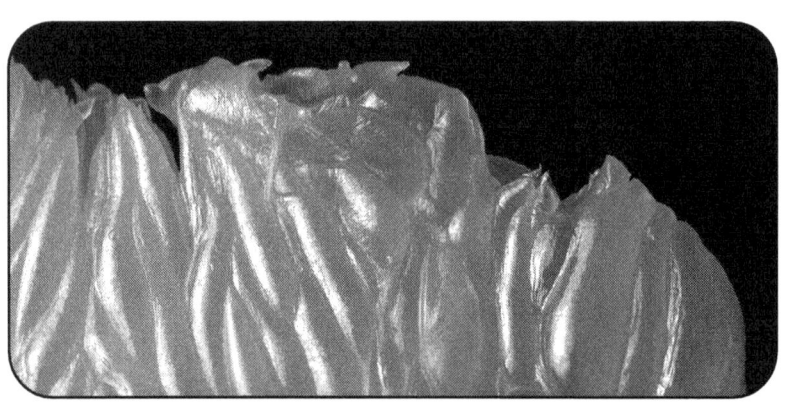

Die letzten
Atemzüge
des Sommers
genießen

Fesseln abstreifen
spüren
wie Flügel wachsen

starren ins Himmelsblau
vergessen was ist

HERBST

Sturmbeseelt reite ich
auf sanften Wolken
der Finsternis entgegen

Stehle der Kälte
das Feuer
zu bringen
der herbstenen Traurigkeit
die letzte goldene Glut

WOLFSSCHWESTER

Komm Wolfsschwester
lass uns tanzen
in einem Ring aus Feuer

Heulend werden wir
Vollmondlicht trinken
hinabsteigen
in den Schoß der Mutter

Sterbend geboren werden
fallend emporsteigen
mit dem Wissen
um die Unsterblichkeit
unserer träumenden Seelen

IRGENDWANN

Wenn Musik
zu Farben wird

Keine Morgenröte
unsere sternenklaren Nächte vertreibt

sind alle Sternschnuppen
meines Wunschhimmels
in den See gefallen
in dem es sich
zu schwimmen lohnt

irgendwann in einer
anderen Welt
zu einer
anderen Zeit

HEISSERSEHNTER REGEN

Tanzende
beschwingte
und stille
von Glückseligkeit
durchtränkte Bilder
ziehen durch mein Bewusstsein

Geraten in den reißenden Strudel
meines Herzens

Werden erfasst
vom melancholischen Fluss
für die Erinnerung

Heißersehnter Regen
auf herausgerissene Wurzeln

Träume spucken mich aus

Direkt in meine
Lebenswut hinein

Mit allen Sinnen
umarme ich
die Welt
spüre
dass meine
Wünsche und Sehnsüchte
die Zeit umfangen

Fühle wie mir Flügel wachsen
mit denen ich
ab- und zu
durch tiefste Empfindungen
die Ewigkeit streife

Die Liebe seines Lebens
zu verlieren
ist das der Tod
den man sterben muss
um neu geboren zu werden

Dann lieber nur
einmal leben
in dieser Liebe

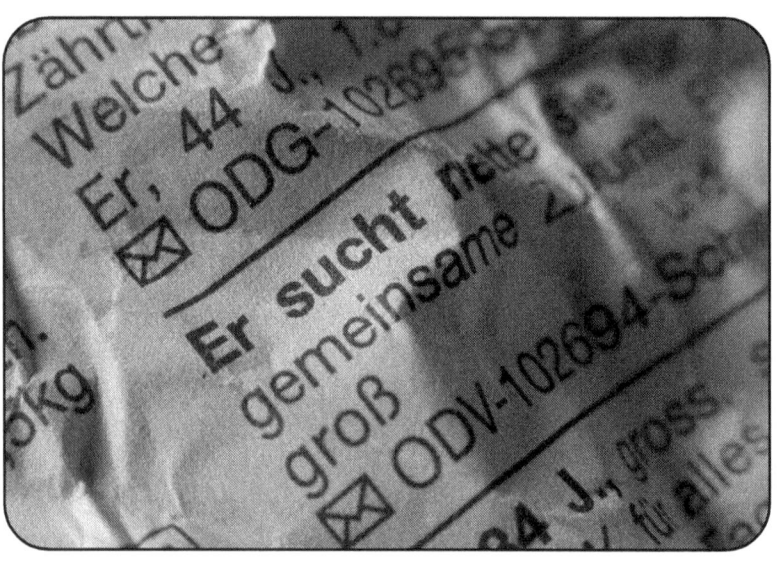

KLEINANZEIGE

Eine Annonce
in der Zeitung des Lebens
Entliebte
suchen Leihmutter

Jene die einmal liebten
und ihre Gefühle verloren
stehen
im Kreißsaal der Hoffnung

und warten
auf die Wiedergeburt
ihrer Liebe

WAIDWUND

Das Sterbeglöckchen der Kindheit
und das
langsame Dahinsiechen
meiner Jugend
hinterlassen mich
waidwund
am Tropf der Erinnerung

ZUGVÖGEL

Ich hab meine Gedanken
an dich
mit den Zuvögeln
gen Süden geschickt
sie würden sonst
erfrieren
in der kalten Realität

Aber ich kann nichts machen
mit dem ersten lauen Lüftchen
sind sie wieder da
und singen dich
zurück in meine
frisch erblühte Herzwiese

KREUZFEUER

Spätestens
seit deinem entwaffnenden
Lachen
blies mein Herz
zum Angriff

Wenn du nicht endlich
vor der weißen Fahne
deines Verstandes
kapitulierst
geraten wir uns
gegenseitig
ins Kreuzfeuer
unserer Sehnsüchte

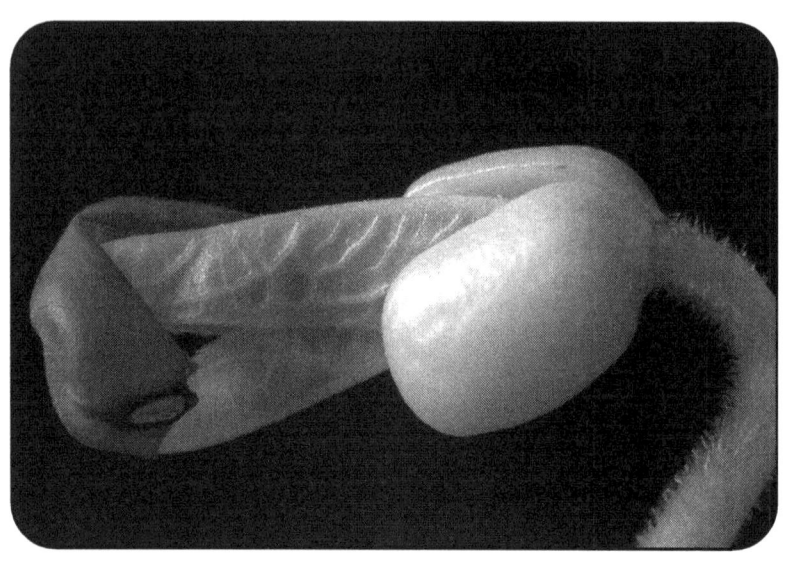

In lauen Frühsommernächten
wenn im sanften Mondlicht
die Maikäfer tanzen
breitet Liebe
ihren Mantel aus

WINDSBRAUT

Manchmal
ist es jahrelang still
und dann plötzlich
flüstert der Wind
wieder meinen Namen

Ich suche mein weißes Kleid
und den Schleier zusammen
sattle mein Wolkenpferd
folge dem stürmischen Ruf

Und bin
was ich immer bleiben werde
eine Windsbraut
getragen von der Liebe
zu den vier Himmelsrichtungen
und dem Glauben an mich selbst

OCEAN OF DISTANCE

Don't worry
as long as you
wish me
to stay
I stay
even
when there is
the ocean
of distance and time
between us
you can feel me
looking at
the nightblue sky
you'll see the same stars
as I

TRAUMSPLITTER

Gefühlsbilder aus der
unendlichen Tiefe
meines Wesens
die sich aus dem
nächtlichen Traumlabyrinth
herausgelöst haben
hängengeblieben
am seidenen Faden
meines Erinnerungsvermögens

Uralte Weisheiten
magische Ahnungen
Scherben explodierender Welten
in himmelsblau
getauchte Verzückungen

Wieviel Weisheit enthält
das gesamte Mosaik
eines Traumes
wenn mich schon
ein einziger hängengebliebener Splitter
Welten ahnen lässt
von denen Andere
nicht einmal zu träumen wagen

Würdest du?

Das
was zwischen uns ist
nenn es
Freundschaft
mit
unausgesprochenen Tiefen
und manchmal
großer Zärtlichkeit

mit dem Wunsch
nach Freiräumen
und der Magie
der Distanz

Unser Beisammensein
ist ein Vakuum
der Zeit
Jedes Mal aufs Neue
ein Schritt hinein

Ein Anfang
meistens
ohne Ende

In dem die Vergangenheit
glücklich winkend
entschwindet
und die Zukunft
die Scheue eines Rehs besitzt

Das Jetzt
scheint die
einzige Wirklichkeit
die sich
selbst genügt

Ich spreche dir
nie von Liebe
wenn du sie mir lebst

in jedem jener
Augenblicke
in dem die Zeit
den Atem anhält

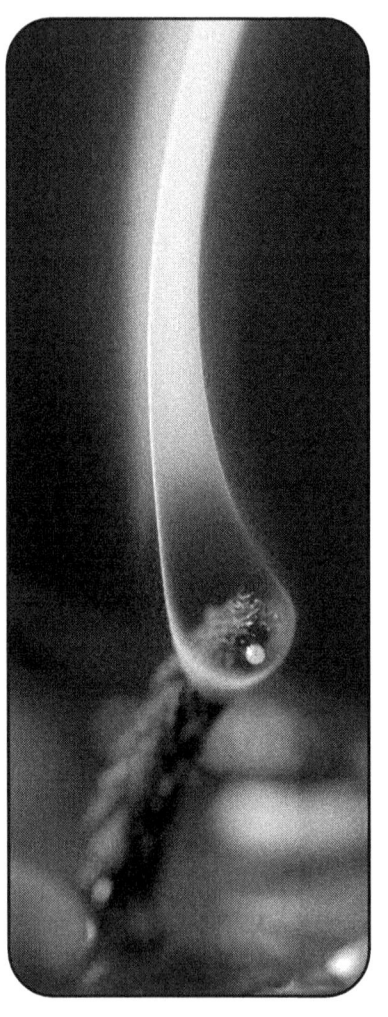

Einfach so

Vor den Kerzen
meiner flammenden Hoffnung
schloss er
die Augen
um nicht geblendet zu werden
von der Erkenntnis
dass ich meine Liebe
einfach so verschenke

SO GROSS

Weil ich dich liebe
lass ich dich gehen
oder
ist es deine Liebe zu mir
die mich gehen lässt

warum nur
gibt es zu diesem Wort
so viele
unterschiedliche Gefühle ?

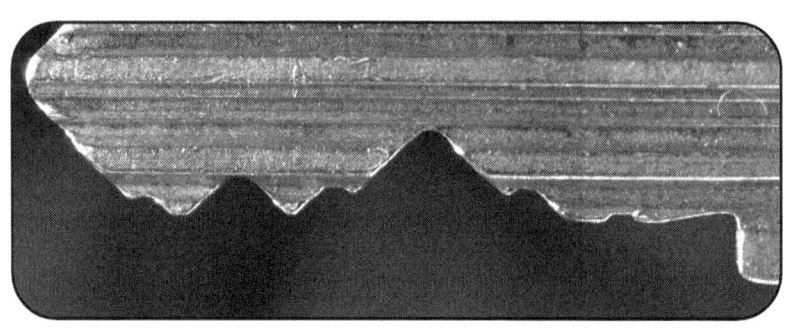

KOPFKINO

(für S. zum 10.4.)

Ich küss dir Bilder
auf die Haut
mach sie zur Leinwand
meiner Welt
ein Kino
mit freiem Eintritt
für die Liebe

VARIATIONEN

Mit dir zusammensein
ist zu mir selbst
nach Hause kommen
nach sehr langer Zeit

Auch wenn ich dich
tausend Jahre kenne
wirst du immer
Fremder genug sein
um mir jeden Tag
ein neues Geheimnis
deiner selbst zu zeigen

Du und ich
das heißt
die Melodie
deiner Träume
und die Farben
meiner Wirklichkeit erkennen

ich zeig dir die vielen
Gesichter meiner Welt
und bleibe Freund
unserer Gemeinsamkeiten
so nah
um unserer herrenlosen Gefühlen
eine Heimat zu geben

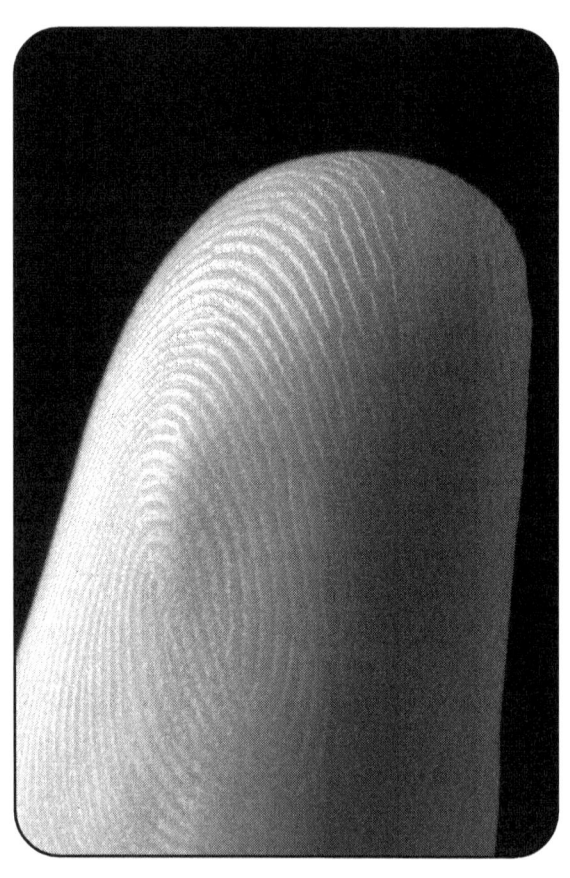

GESTERN NACHT

Hoffnungslos ertrinken
im Glanz
deiner Augen

Eintauchen
in die Unergründlichkeit
deiner Tiefen
taumle ich dem
Spiegel meiner Seele
entgegen

Deine flammenden
Berührungen
hinterlassen
verwehte Spuren
im Sandstrand
meiner geheimsten Träume

INDIAN SUMMER
(for J.H.)

The thunder of hooves
in the dawn
the motion
of a dozen manes
in the wind
remind me
of a time in my life....

... but with the scent
of a rich summer
on the skin
there walks away
my love

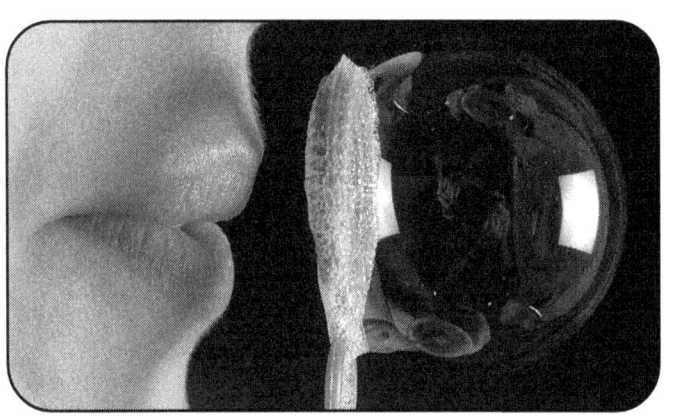

Meine Dornenhecke
gewachsen
aus vielen Verletzungen
hast du überwunden
mit einem Lachen
und mich wachgeküsst
mit einem Mund
voller Lebensmut

JOJO

Leises Tapsen
dickköpfiger Gehorsam
feuchtwarme Nase
in Kniekehlen gestupst

ungestümes Rappeln
über Sommerwiesen
wacher Traumblick
aus braunglänzenden Augen
Schneeluft
im langen Graufell
befriedigter Teppichplumps

mitfühlende Nähe
ungeheuchelte
hinternwackelnde Freude

eben einfach
Jojo

Viola Krauss

geborenen 1967 in Stuttgart. Aufgewachsen in Mönchweiler und Königsfeld im Schwarzwald. Ausbildung und Tätigkeit als Redakteurin beim Schwarzwälder Bote. Lebt als freie Journalistin und Autorin in Rosenfeld (Zollernalbkreis).

Markus Katzmaier

geboren in Kirchheim/Teck, aufgewachsen in Oberndorf. Ausbildung und Tätigkeit als Redakteur beim Schwarzwälder Bote in Oberndorf (Landkreis Rottweil).